rim, raam, ris, roos

Gitte Spee

'saar, saar!'
'sim?'
'vaas, saar.'

'rim, raam, ris ...
roos!'

'mis, saar.
vis!'
'raar, sim.'

4

'rim, raam, ris ...
roos!'

5

'mis, saar.
sok!'
'raar, sim.'

'rim, raam, ris ... roos!'

'mis, saar.
maan!'
'raar, sim.'

'ik, saar!'

'raam, ris, rim ...
roos!'

10

'sim!
roos, sim!'
'roos, saar.'

sterretjes bij kern 1 van Veilig leren lezen

na 12 dagen leesonderwijs

1. ik vis ik
Daniëlle Schothorst

2. rim, raam, ris, roos
Gitte Spee

3. ik vis vis
Nicolle van den Hurk